©이창건

애지시선 017

# 뜻밖에

2008년 1월 23일 초판 1쇄 발행

지은이 박제영
펴낸이 윤영진
기 획 유용주 박수연 한창훈 이정록
편 집 함순례
디자인 함광일 이경훈
홍 보 전희주
펴낸곳 도서출판 애지
등록 제 2005-5호
주소 300 -170 대전광역시 동구 삼성동 125-2 4층
전화 042 637 9942
팩스 042 635 9941
전자우편 ejiweb@hanmail.net



ISBN 978-89-92219-11-2 03810

애지시선 017

# 뜻밖에

박제영 시집

## □ 시인의 말

몸을 낮추고 속도를 낮출 때
비로소 보이는, 비로소 들리는 풍경이 있다.

대개의 生生한 삶은
낮고 느리고, 어둡고 쓸쓸한 그곳에 있다.

쥐며느리처럼 웅크린 사람들
내 시는 지금 그곳을 통과중이다.

이천팔년 정월 춘천에서
박제영

# 차례

# 제1부

# 흔들리는 뿌리

# 심!

K와 L과 S는 당분간 내 밥줄이므로 당분간 저들이 내 목을 쥐고 흔들면 흔드는 대로 흔들려야 하므로 오전 골프를 마치고 예약한 사슴목장을 찾았다 "박형, 내가 전국 다 가봤는데 이 집 엘크가 최고야 시커먼 불알을 봐 엄청나네 오늘은 저 놈으로 하자구" 마취된 숫사슴의 뿔 밑둥에 고무줄을 단단히 감고 능숙한 솜씨로 톱질을 하는 주인남자, 순식간에 뿔이 잘리고 고무줄을 풀자 솟구치는 붉은 피 "워메 진국이구만. 한 잔씩 돌리지" "뜨끈뜨끈한 게 아랫도리에서 벌써 신호가 오는데" "박형 뭐해 빨리 마시라구 사내란 말이여 모름지기 좆심으로 사는 거 아니겠어 우린 말이여 좆심 없는 놈한텐 십 원도 안 빌려줘" 까짓거 눈 딱 감고 들이켰다

화장실은 사육장 바로 옆에 있었는데, 마취 풀린 녀석이 비틀거리고 있었는데, 암컷들 무리 속으로 들어가다 말고 잠시 눈을 마주쳤는데, 그날 밤 아내와 그짓을 하는데 도무지 심!이 서질 않는 거였다

# 가령과 설령

가령
이것이 시다, 라고 쓴 대부분의 것은 시가 아니다

설령
이것이 시가 되지 않더라도, 라고 쓰여진 것은 대부분 시다

가령佳嶺은 도처에 있다 가령 화사하고 화려한 것, 가령 사랑이란 단어, 가령 그리움이란 단어, 봄날 꽃놀이 관광버스가 가 닿는 곳, 그곳이 가령이다

설령雪嶺은 보이지 않는 자리에 스며 있다 어둡고 춥고 배고픈, 눈과 귀와 혀의 뿌리 설령 어시장 좌판이라도, 설령 공중화장실이라도, 설령 무덤이라도, 설령 보이지 않더라도, 그곳에 있다

등반자여 혹은 동반자여

가령은 도처에 있고 설령은 도무지 없다
도대체 어디를 오를 것인가

# 전봇대

벽과 벽, 골목과 골목, 허공과 허공, 막다른 사이에는 언제나 그가 서 있다

그는 빛과 예언이며 또한 어둠과 상처였으니, 모든 기도는 그를 통해 전송되었지만 그로 인해 혼선도 빚어졌다 일용할 양식과 일자리를 구해주기도 하였지만 장기매매와 성매매를 주선하기도 했다 길 잃은 아이를 찾아주었지만 아이의 가출을 부추기기도 했다

취한 자나 떠돌이 개가 오줌을 갈길 수도 있겠지만, 그는 여전히 막다른 곳에서 막다른 자들에게 신처럼 우뚝 서 있는 것이다

# 늙은 거미

늙은 거미를 본 적이 있나 당신, 늙은 거문개똥거미가 마른 항문으로 거미줄을 뽑아내는 것을 본 적이 있나 당신, 늙은 암컷 거문개똥거미가 제 마지막 거미줄 위에 맺힌 이슬을 물끄러미 바라보고 있는 것을 본 적이 있나 당신, 죽은 할머니가 그러셨지 아가, 거미는 제 뱃속의 내장을 뽑아서 거미줄을 만드는 거란다 그 거미줄로 새끼들 집도 짓고 새끼들 먹이도 잡는 거란다 그렇게 새끼들 다 키우면 내장이란 내장은 다 빠져나가고 거죽만 남는 것이지 새끼들 다 떠나보낸 늙은 거미가 마지막 남은 한 올 내장을 꺼내 거미줄을 치고 있다면 아가, 그건 늙은 거미가 제 수의를 짓고 있는 거란다 그건 늙은 거미가 제 자신을 위해 만드는 처음이자 마지막 거미줄이란다 거미는 그렇게 살다 가는 거야 할머니가 검은 똥을 쌌던 그해 여름, 할머니는 늙은 거미처럼 제 거미줄을 치고 있었지 늙은 거미를 본 적이 있나 당신

# 남탕

세상의 모든, 아비들이 실은
꼭꼭 숨겼던, 남근들이 죄다
저리도 속절없이, 흔들리고 있는 것이다

뻣뻣하게 거드름 피운 것도 생각해보면
가늘고 무른 속이, 흔들리는 제 뿌리가
드러날까 두려웠던 것

세상의 아비들은 다만
살기 위해 딱딱해져야 했던
무골無骨의 가계家系를 숨기고 싶은 것이다

# 비 내리는 오후 세 시

그리움이란
마음 한 켠이 새고 있다는 것이니
빗 속에 누군가 그립다면
마음 한 둑이 무너지고 있다는 것이니

비가 내린다, 그대 부디, 조심하기를
심하게 젖으면, 젖어들면, 허물어지는 법이니

비 내리는 오후 세 시
마침내 무너진 당신, 견인되고 있는 당신

한때는 '나' 이기도 했던 당신
떠나보낸 줄 알았는데

비가 내리는 오후 세 시
나를 견인하고 있는 당신

# 도희

1

딸이 운다 물수제비 뜨다 말고 딸이 운다

가라앉아요 돌이 자꾸만 가라앉아요
달처럼 이쁜 도희가 운다

돌아앉은 작은 등에 파르륵 파문이 인다

2

이리 온 아가, 아비 등에 업히렴

조금 멀리 가고 조금 오래 뜰 뿐이야
지금이야 너를 업고 물수제비처럼 얕은 내를 건너고 있지만
수심은 깊어질 것이고 아비도 끝내는 가라앉을 것이야
강은 잠시 길을 내어줄 뿐, 돌멩이가 강을 건널 수는 없

단다

들었는지 못 들었는지
돌처럼 둥글게 도희가 잔다
아비 등 위에 새근새근 파문을 새긴다

3
내가 뜬 물수제비가 나를 흔든다, 오래전 내가
가라앉은 아버지를 흔든 것처럼

# 등신고래

특별시 외곽, 술에 취해서 혹은 잠에 취해서, 비로소 바다를 기억해내는, 아니 바다의 기억마저 토해버리고 있는, 막차를 놓쳐버린, 흐려지거나 지워지고 있는, 멸종위기의 저,

등신고래들

그래도 당신만은(그들이 당신에게 그러했듯), 사랑해야 하는, 용서해야 하는, 아, 아무렴, 위로해야 하는, 지지리도 못난, 한때 굵고 검은 지느러미도 휘어진, 저, 등신 같은

# 뜻밖에

젊은 날엔 시를 쓰기 위해 사전을 뒤져야 했다
몇 번의 실직과 몇 번의 실연이 지나갔다
시는 뜻밖에 뜻, 밖에 있었다

## 럭키 서울

양재천을 사이에 두고,
동편, 도곡동 467번지에는 마천 철옹 타워팰리스가 서
있고
서편, 포이동 266번지에는 뗏목 같은 비닐하우스가 떠
있다
그게 공존이다
지진이 나진 않겠지만 타워팰리스는 지진을 견딜 수
있다
바람이 불어도 비가 내려도 비닐하우스는 전복될 수
있다
그게 공학이다
동편으론 날마다 해가 뜨고, 서편으론 날마다 해가 진다
그게 상식이다
해 뜬 곳에 사람이 살고, 해 진 곳에 유령의 보트피플*이
산다
그게 행정이다
어느 누구도 양재천을 가로질러서는 안 된다

그게 법률이다

서울은 오늘도 그렇게 안녕하시다
서울은 그렇게 오늘도 무사하시다

빌어먹을 럭키, 오, 럭키 서울

* 79년 박정희 정권은 전쟁고아 · 넝마주이 · 부랑인들을 모아 '자활근로대'를 발족하고, 당시 강남구 서초동 정보사 뒷산에 이들을 집단수용했다. 81년 서초동 지역주민들의 반발이 거세지자 정부는 이들을 당시 포이동 200-1번지 하천부지로 강제 이주시켰다. 88년 포이동 200-1번지가 포이동 266번지로 변경된 후, 이들의 주민등록이 지워졌다. 이제 포이동 266번지는 행정상 아무도 살지 않는 유령지구가 되었다. 이들은 서울의 보트피플이다.

# 미뉴에트, 백석풍으로

아라비안나이트에서 춤을 추는 나타샤는 발레를 전공한 스무살 나타샤는 림스키 코르사코프의 세헤라자데를 사랑한다고 했다 세헤라자데를 아느냐고 물었다 아라비안나이트의 세헤라자데를 기억한다고 했다 천개의 혀를 가진 여자 마침내 왕을 움직인 여자를 기억한다고 했다 백석을 아느냐 물었다 가난한 내가 아름다운 나타샤를 사랑해서 오늘 밤은 푹푹 눈이 내릴 거라 했다 아라비아의 밤, 흰 당나귀 같은 나타샤가 말귀를 못 알아듣는 나타샤가 춤을 추는 밤 첫눈이 내렸고 사내는 쓸쓸히 혼자 술을 마셨다

# 바오밥 나무

방심한 얼룩말이 무리에서 벗어난 그 잠깐의 틈, 사자는 집요하게 그 틈을 물고 늘어졌다 발버둥을 칠수록 사자의 이빨은 얼룩말의 목덜미를 파고들었다 지친 사자가 죽은 얼룩말을 내려놓고 잠시 숨을 고르는 사이, 하이에나 무리가 집요하게 그 사이를 물고 늘어졌다 사자는 크고 육중한 이빨을 드러내보지만 이미 틈을 파고든 하이에나 무리를 감당할 수는 없었다 배를 불린 하이에나 무리가 떠나자 대머리독수리 떼가 뼈에 붙은 살점을 뜯기 시작했다 까악 까악 늙은 바오밥 나무 위로 까마귀들이 새까맣게 몰려들었다 그렇게 천 년을 건기와 우기가 반복되었을 것이다 늙은 바오밥 나무는 그렇게 천 년을 살았을 것이다 얼룩말과 사자와 하이에나 그리고 대머리독수리와 까마귀들의 생애를 던진 소란 속에서 늙은 바오밥 나무가 저리도 고요한 까닭일 것이다

# 지금은 모른 척하시라

어느 날 흐린 주점에 들렀다가
낼모레면 오십대로 접어드는 사내들이
비루먹은 당나귀 같은 사내들이
구석에서 울고 있다면
그냥 모른 척하시라

머리에서 발끝까지
온몸이 상처인 사내들이니
마침내 오장육부마저
온몸이 통점인 사내들이니
당신의 아버지였거나
당신의 남편이었던 몸들이니

어쩌면 소리 내어 울기도 할 것이지만
제풀에 잠잠해질 것이니
그냥 모른 척하시라

늦은 밤 문을 두드리는
당신의 남편이었던, 당신의 아버지였던
그 눈이, 그 몸이 혹여 젖어있다 해도
지금은 모른 척하시라

# 춘천

바깥의 누군가는 산과 호수와 나무와 새와 바람과 사람이 저마다 안개를 키운다고 생각하겠지만, 또 누군가는 안개가 산과 호수와 나무와 새와 바람과 사람 모두를 키운다고 생각하겠지만, 춘천에 산다는 것은 마침내 안개가 되는 것이다 산이 산을 지우고 호수가 호수를 지우고 나무와 새와 바람이 나무와 새와 바람을 지우고 사람이 마침내 사람을 지우고 안개가 되는 것이다 춘천은 가장 안쪽의 풍경이다

# 제2부

## 사막을 견디는 일

# 시가 돈이 되어선 안 되는 이유

사람들은 아무래도 궁금한 게 돈인 모양이다 이런 저런 이야기를 나누지만 대개 끝에 가서는 꼭 묻는다 근데 시를 써서 돈 좀 됩니까? 그럼 이런 이야기를 들려주는 거다 시가 돈이 되는 거라면 자본이 가만 있겠냐고 대기업이 그냥 있겠냐고 돈이 안 되니까 우리 같은 가내수공업자들이 명맥을 유지하는 거 아니겠냐고 대기업이 뛰어들어 대량으로 찍어대고 대량으로 팔기 시작하면 그땐 우리 가내수공업자들 다 망하는 거 아니겠냐고 그러면 또 묻는 거다 아니 시가 무슨 물건입니까? 그걸 어떻게 대량으로 생산합니까? 그럼 되묻는 거다 돈으로 안 되는 거 봤어요? 그러니 시가 돈이 되어선 안 되는 거다

# 어머니의 만성중이염

피고름 파낸 저 귀,

거죽 뿐인,
뼈란 뼈 전부 녹고 삭은,

안팎의 모진 욕이란 욕
수십 년 묵혀 마침내 다 품은,

터엉텅
빈

북이다. 네 시간의 수술이 끝나고, 마취에서 막 깨어났는데, "바쁠텐데 왜 왔니" 하신다 자식 셋 데리고 모질고 독한 사막의 건기를 그보다 모질게 그보다 독하게 건너온 저 늙은 북

# 냄새

유 세차 모 년 모 월 모 일
향불을 피우고 아버지 축문을 읽으신다
어머니 부엌에서 슬그머니 눈물을 훔치신다
향은 제 몸을 태우면서 냄새가 깊어진다

할머니 방에선 쾨쾨한 냄새가 났다
치매에 걸린 할머니는 기저귀를 벗어 수시로 벽에 똥칠을 했다
늙은 어머니가 매번 닦아냈지만 지독히 배어버린 냄새는 쉬 지워지지 않았다
그 쉰 냄새가 싫었다

그냥 계시라고 해도 마을 입구까지 배웅을 나오신다
오래 사셔야 해
싫다 벽에 똥칠 하기 전에 죽을란다
늙은 여자가 굽은 향나무처럼 서 있다

# 모퉁이

떠나는 것들은 모두 모퉁이를 돌아서 갔다
첫(사랑)도 가출한 (아내)도 죽은 (할머니)도
저 모퉁이를 돌아 떠나갔다

그러나 어쩌랴
떠난 것들이 돌아오는 것도 저 모퉁이인 것을
술 취한 (아버지)가 비틀거리면서도 매일 저 모퉁이를
돌아 왔듯이
월남에서 죽었다던 (삼촌)도 저 모퉁이를 돌아 왔듯이

사는 일이 사막을 견디는 일이라면
모퉁이는 사막 위에 세워진 간이역
피할 수 없는 일이라면 덤덤히
모퉁이를 돌아 가고 오는 것

(나)는 오늘도 모퉁이를 돌고 있다
떠나고 있는 것인지 돌아가고 있는 것인지

그게 무슨 상관이랴

(누군가) 모퉁이에 서 있다
배웅나온 것인지 마중나온 것인지
그게 무슨 상관이랴

(　 )안을 무엇으로 채운들 또한 무슨 상관이랴

# 빨래, 빨래스타인

네이버 백과사전은 빨래를 이렇게 정의하고 있다. "의류나 침구용품 · 식탁용품 · 가구류 등의 피륙 따위에 묻은 때를 적절한 세제와 기계적인 힘을 가함으로써 물리적 · 화학적 작용을 촉진시켜 제거하는 일." 네이버 뉴스는 지금 이스라엘이 빨래중이라고 전한다. "8일 레바논 남부 가지예의 한 병원 시체안치소에 이스라엘군의 공습으로 숨진 3살짜리 소년 마날 알-후세인의 사체가 안치돼 있다."

그러니까 세 살짜리 마날 알-후세인은 때다
무슬림이란 적절한 세제와 기계적인 힘을 가해 제거해야 하는 묵은 때다

빨래를 하다가 손을 베인 적이 있다
흰 빨래는 자꾸만 빨갛게 물들었다
빨갛게 물들고 있는 빨래스타인, 그곳에 가짜 지구가

있다
가짜 지구에 미사일이 세제처럼 내린다

빨아도, 빨아도, 지울 수 없는, 상처는, 피는, 때가 아니다
빨간, 새빨간, 거짓말이었으면, 좋겠다 진짜로, 가짜 지구가 가짜였으면 좋겠다

# 달 궁뎅이

살다보면 이런 일도 있는 거다

술반물반 오줌 누는데
— 아저씨 똥꼬 닦아줘

돌아보면 서너 살쯤 되는 계집애, 달덩이 까들고 있는 거다
— 엄만 어디 가셨니
— 몰라 빨리 닦아줘

웃을 수도 없고 울 수도 없고 똥꼬를 닦아주는데, 아이 엄마 뛰어 오는 거다
— 지금 뭐하는 거예욧!
— 뭐 하다니 보면 모르는가, 당신 아이 똥 닦아주고 있잖은가
이 여자 나를 아래 위로 훑으며 별 일 다 있다는 표정이다

포장마차로 돌아와 혼자 웃고 마는데
술을 따라주던 친구 녀석 실없이 왜 웃냔다
— 술잔에 달 궁뎅이가 빠졌잖아
천막 틈으로 달이 출렁거리는 거다

# 스키드 마크에 관한 진실 혹은 거짓말

s# 101. 사건 현장 : 일상 혹은 지금이라는 미시사微視史

2미터 정도의 스키드 마크가 끝난 지점 가드 레일이 부서져 있고 절벽 아래 사고 차량이 전복된 채 심하게 구겨져 있다 피범벅이 된 사내의 모습이 차 밑으로 얼핏 보이지만 즉사했을 것이다 벌써 견인차 몇 대가 달려오고 있다 그 뒤로 앰뷸런스와 경찰차도 보인다

s# 201. 사고 처리 : 죽음에 대한 경제학 개론

보험회사는 보험금을 노린 자살을 끝까지 의심했으나, 사내는 보험에 든 직후 실직을 했고, 집도 경매로 넘어갔기 때문에, 자살의 이유가 충분했으나, 스키드 마크 때문에, 경찰에서 자살할 의도라면 브레이크를 밟을 이유가 없다고 사고사로 처리했으므로, 결국 아내에게 보험금 3억 원을 지급했다

s# 301. 사건 처리 : 죽음을 다루는 관습법

경찰은 사건의 유일한 단서인 스키드 마크를 졸음 운전의 증거로 판단하였고, 사건은 내리막 커브길에서 졸음 운전에 의한 단순 추락사고사로 처리되었다

s# 401. 사건 4초전 : 시간론 혹은 타자론

갑자기 떠오르는 얼굴들 아내, 아, 아내, 지지리 복도 없는 여자, 나 하나 믿고 여기까지 왔는데…… 딸아이, 눈에 넣어도 아프지 않은, 아무 것도 모르는, 귀엽고 사랑스런 내 아기…… 1초도 안 되는 순간인데 10년의 시간이 주마등처럼 흐른다 이대로 끝낼 수는 없어! 사내는 급브레이크를 밟지만 가드 레일을 뚫어버린 차는 이미 허공에 올라 섰다

s# 501. 사건 1분전 : 인생과 100미터 경주의 역학관계에 관한 연구 초록

사내는 일주일 전에 이곳을 찾아냈다 급한 경사, 직각으로 꺾인 커브, 바위로 된 절벽, 누구든 실수로 추락할 수 있는 곳, 그야말로 최적의 장소였다 게다가 이 시간에는 지나가는 차량도 거의 없다는 것을 몇 번이나 확인하지 않았던가 사내는 심호흡을 하고 시동을 건다 저 앞 가드레일까지는 100미터, 일생이 이제 고작 100미터 남았다 생각하니 오히려 웃음이 새어나왔다 내리막길이라 순식간에 속도가 붙는다 어느새 속도계는 70을 넘어서고 있다 가드 레일이 눈 앞으로 밀고 들어온다

s# 601. 사건 6개월전 : 징후 혹은 계기 그리고 묵시록

사내는 깡소주를 벌써 3병째 비우고 있다 사내는 자기

도 곧 퇴직자 명단에 오를 것임을 알고 있었다 게다가 집도 곧 경매로 넘어갈 것이다 아무리 생각해도 길이 보이질 않았다 말기 암이었던 어머니, 어차피 완치는 불가능했던 것, 그때 차라리 그냥 돌아가시게 놔둘 걸, 천벌 맞을 생각마저 드는 것이었다 차라리 죽는 게 낫겠다 싶었다 문득 낮에 다녀간 보험설계사가 떠올랐다

# 정전

지난 26일 마산 모병원 중환자실에 전기공급이 10여 분 동안 중단되는 사고가 있었다. 병원 측은 이 날 중환자실에서 6년 동안 뇌사상태로 있던 윤모氏가 사망한 것은 정전사고와는 무관한 일이라고 밝혔다.

— 경남 모신문, 1976. 7. 27字

어둠 속에서 늙은 외할머니가 어둠 속의 삼촌을 만지고 있었다 기계가 붙들고 있는 아들의 목숨을 어루만지고 있었다 아가, 이제 놓아줄까 그게 좋을까 그날 밤 병원의 전기가 왜 끊어졌는지 나는 모른다 30년 전 그날 어둠 속에서 전구알처럼 반짝였던 그것이 외할머니의 눈물이었는지 삼촌의 눈물이었는지

아가, 이제 놓아줄까 환청이 들리는 정전의 밤이면 나는 여전히 궁금하다 외할머니가 끊은 것이 과연 전기였는지 정전의 밤, 길 건너 저 캄캄한 집, 조등처럼 흔들리는 저 빛은, 또 누구의 눈물인지

# 비디오방 1004호 남자를 누가 죽였나

아늑했던 것들이 눅눅해지기 시작하면 그리움에도 곰팡이가 핀다 하룻밤 정사를 나눈 남녀는 다시 자기 자리로 돌아갔다 남편이 아내의 정부를 살해했다 에얼리언이 지구 여자의 뱃속에 들어왔다 비디오 테잎을 바꿔 틀어도 바깥 세상은 이미 에얼리언들로 가득했다 사내가 바꿀 수 있는 시나리오는 없다 엔딩 크레딧이 흐른다 비디오방 1004호 남자役 아무도 빌려가지 않을 사내의 이름이 흐려지고 있다

# 사평역에 관한 인문학적 고찰

사실은 이렇다

사평역은 없었다 경부 호남 전라 장항 경춘 영동 태백 중앙 경전 동해 남부 그 어디에도 사평역은 없었다 아니 있다 일산에 가면 있다 갈비집 사평역, 그러니까 간이역 사평역은 없었다 흰보라 수수꽃 눈시린 유리창마다 톱밥 난로가 지펴지고 있던 곽재구의 사평역은 없었다 지랄맞은 취객들과 살찐 비계들이 알고보면 제 갈빗대요 제 살코기인 줄도 모르고 밤새 질긴 갈비를 꾸역꾸역 뜯고 있는 사평역이 있을 뿐이다 사막 위의 한갓 신기루일 뿐

진실은 이렇다

사평역은 있다 경부 호남 전라 장항 경춘 영동 태백 중앙 경전 동해 남부 모든 길 위에 사평역은 있다 만성 위궤양이 실은 창자 깊이 달라붙은 그리움이었음을 받아들일 때, 마음의 변방으로 유배시켰던 유년의 문장들이, 추방시켰던 유년의 소리들이, 되살아 되살아나 뼈가 시릴 때,

울음이 마침내 당신의 각질을 뚫고 심층수를 길어 올리는
순간, 그 자리가 그 시간이 사평역이다

결론은 이렇다

당신 안의 모래폭풍을 걷어내고서야 비로소 드러내는
간이역

지난 여름 올린 무덤에 눈이 쌓였다

어둠 속에서, 귀향을 기다리면서,

눈꽃의 뿌리로 귀를 열고 있을 할머니

저 봉분이 사평역이다

# 존 도우

미국식으로 말하자면, 존 도우는 신원미상의 남자 시체 존 도우란 그러니까, 그가 죽었다는 것과 그가 남자라는 사실 외에는 그를 알 수 있는 어떤 연고도 단서도 없다는 뜻 한국식으로 말하자면, 존 도우란 그러니까, 가판대 앞에서 복권을 찢고 있는 아니 전화를 걸다말고 장기매매 전단지를 차마 버리고야 마는 아니 질주하는 바퀴 속으로 뛰어들고 있는 그 남자 일테면 인도를 잃어버린 그 남자 우리가 내다버린, 잊어버린 검은 비닐봉지 같은, 지리멸렬한 진술은 지루하다 이쯤에서 끝장내자 우리들이 씹다 버린, 우리들이 밟고 지나간, 보도블록의 저 무수한 껌,껌, 껌댕이들, 존 도우들

# 동백숲

오동도 사월 동백 붉은 숲 오르다 보면
신 벗고 걷는 길을 만난다
촘촘히 박힌 형형의 돌 색색의 자갈 위로
앞서거니 뒤서거니 기우뚱거리는
손에 들린 신들도 덩달아 흔들리는
맨발의 풍경을 만난다

지난 밤에 친구 놈이 오동도로 떠났다
신을 벗고 사월 붉은 동백숲으로 들어갔다
영안실 412호
새벽 거나하게 취한 우리는
앞서거니 뒤서거니 기우뚱거렸다
더러는 서로의 신이 바뀐 줄도 모른 채
붉은 숲을 빠져 나왔다

# 세계사

역사는 앞면과 뒷면만을 기록해왔다
앞면과 뒷면의 전쟁
뒷면과 앞면의 평화
역사는 단 두 줄의 지루한 반복이다

역사가 쇼부를 칠 때마다 동전을 던져왔지만
앞면과 뒷면이 쇼부를 나눠 먹어왔지만
단 한 번도 옆면이 나와 본 적은 없지만
혹자는 그것을 기적이라고도 하지만

앞면과 뒷면의 전쟁이 역사의 외록外錄이라면
켜켜이 쌓여있는 옆면의 죽음은 전쟁의 내록內錄이다
뒷면과 앞면의 평화가 역사의 외록이라면
옆면의 희생이 겹겹층층 쌓여있음 또한 평화의 내록이다

동전을 쌓아보라

옆면이 生生히 드러나리니
동전의 옆면은 기적이 아니리니
바로 지금, 바로 여기, 바로 당신의 생생한 현실이리니

이제는
이제야말로
옆면이 승부를 걸어야 할 때!

# 유성우流星雨

1

1929년 스물 아홉의 이장희가 죽었다.
1935년 서른 둘의 김소월이 죽었다.
1937년 스물 일곱의 이상이 죽었다.
1938년 서른 넷의 박용철이 죽었다.
1945년 스물 여덟의 윤동주가 죽었다.
1945년 스물 아홉의 김종한이 죽었다.
1956년 서른의 박인환이 죽었다.
1968년 마흔 일곱의 김수영이 죽었다.
1969년 서른 아홉의 신동엽이 죽었다.
1988년 마흔 둘의 박정만이 죽었다.
1989년 스물 아홉의 기형도가 죽었다.
1991년 마흔 셋의 고정희가 죽었다.
1992년 서른 아홉의 이연주가 죽었다.
1993년 서른 넷의 진이정이 죽었다.
1994년 마흔 여덟의 김남주가 죽었다.
2005년 스물 여섯의 신기섭이 죽었다.

모두 죽었다.

2

아니다, 단지
사라졌다 저 광활한 우주 속으로*

아니다, 영원히
살아있다 저 광활한 우주 속에서, 별이 되고 유성이 되고

3

시인은, 수억 년 죽어서도 빛으로 남을 것이니
지상에 잠시 유배되었던 별이었으니
서른아홉의 내가 죽는들 어떠하리 마흔의 내가 죽는들

어떠하리

당신 먹먹한 가슴에 서른아홉 개의 유성우로 내릴 수만 있다면
마침내 소멸이라도 좋으리

* 박정만의 시, 「종시(終詩)」 인용.

# 제3부

# 달궈진 말

# 주름

굵게 패인 주름을 봅니다 감춘 겹겹 새로 검은 버짐도 보입니다 한때는 너무 커서 세상을 다 비추어주었는데, 이제 키가 훌쩍 커버렸는지, 내 얼굴 하나 다 비춰주지도 못하지만, 저 마른 고랑들이야말로 당신 살을 다 내어준 자리라는 것을, 다시 펴지지는 않겠지만, 다시 세상을 비춰주진 못하겠지만, 나와 형제들 모두 그 주름 속 알들이었다는 것을, 주름을 파먹고 이렇게 나비가 되었다는 것을, 압니다, 보기 흉혀 이젠 사진 안 찍을란다, 그 속내를 알 것도 같습니다

# 내가 요즘 꿈을 꾸는데

꿈을 꾸는데
사랑이 식었다고 같이 살 이유가 없다고
오늘도 아내가 짐을 싸고 있는데

꿈을 꾸는데
아빠는 죽었다고 아빠는 없다고
오늘도 딸 아이가 자꾸만 손을 뿌리치는데

꿈을 꾸는데
능력이 안 되면 사표를 쓰라고
오늘도 사장이 내 책상을 빼고 있는데

꿈을 꾸는데
발기도 안 되면서 여긴 왜 왔냐고
오늘도 늙은 창녀가 화대를 돌려주는데

반복되는 이 꿈을

차마 당신에게 말하기 부끄러운데

허면 어쩔 건가
내가 요즘 꿈을 꾸는데

# 어머니는 참 무식하시다

어머니는 참 무식하시다
초등학교도 다 채우지 못했으니 한글 쓰는 일조차 어눌하시다 아들이 시 쓴답시고 어쩌다 시를 보여드리면 당최 이게 몬 말인지 모르겠네 하신다 당연하다

어머니는 참 억척이시다
열일곱 살, 쌀 두 가마에 민며느리로 팔려 와서, 말이 며느리지 종살이 3년 하고서야 겨우 종년 신세는 면하셨지만, 시집도 가난하기는 매한가지요, 시어미 청상과부라 시집살이는 또 얼마나 매웠을까, 그래저래 직업군인인 남편 따라 서울 와서 남의 집살이 시다살이 파출부살이 수십 년 이골 붙여 자식 셋 대학 보내고 시집 장가 보냈으니, 환갑 넘어서도 저리 억척이시다 이번에 내 시집 나왔구만 하니, 이눔아 시가 밥인겨 돈인겨 니 처자식 제대로 먹여 살리고는 있는겨 하신다 당연하다

무식하고 억척스런 어머니가 내 모국이다 그 무식한 말

들, 억척스런 말들이 내 시의 모국어다 당연하다

지금까지 써 온 수백 편 시들을 전부 모아 밤새 체를 쳤다 바람 같은 말들, 모래 같은 말들, 다 빠져나가고 오롯이 어, 머, 니,만 남았다

# 장미여관 김씨

벌건 대낮에 장미여관 앞 큰 길에서 개 두 마리가 흘레 붙었다
이런 쌍놈의 개새끼들, 여관집 김씨가 뜨거운 물을 붓는다
두어 차례 물세례를 더 받고서야 붉은 몸이 붉은 몸을 빠져나온다

투숙객의 자동차 번호판에 덮개를 씌우고 있는
장미여관 김씨는 모른다
대낮의 지루함을 견디는 것은 오직
저 개들 뿐이란 것을

여관을 빠져나오는데 백미러 속에서 개가 짖는다
김씨가 다시 물을 붓고 있다
두 몸이, 붉어져 하나가 된 몸이, 컹컹 운다

# 서정은 없다

눈이 내린 세상은 얼마나 환한 곳이냐 한 줄 쓰기 무섭게 아홉 시 뉴스에서는 비정규직 노동자들이 대거 해고되었다고, 비가 내려서 비에 젖어서 당신이 그립다 적었더니 이번 홍수에 포장마차를 포기하지 못한 미련한 에미가 함께 떠내려갔다고, 어둠 속에서도 저 불빛들 추위를 녹인다 했더니 밤 사이 떨어진 기온으로 노숙자 두 명이 동사했다고, 그래도 희망은 있고 세상은 아름답다고 비장하게 적어보지만 카드빚을 변제하지 못한 애비가 자식을 죽이고 제 목숨도 끊었다는 문장 앞에 속수무책 무너지고 마는 것이다

# 가라앉는 배

수십 년 당신들, 강을 건네주었으니
이제 나 가라앉는다
슬퍼하지 말기를

수십 년 당신들 건네주었다고, 강이
이제서야 나를
받아주는 것이니

할아버지는 그렇게 가라앉았는데
열세 살 소년은 마흔이 되어서야
그 날,을 기록하고 있다

## 이젠 안녕

일기예보는 비가 내릴 거라고 했지만
햇빛만 지루하게 쏟아져 내렸지
뜨거운 복사열 때문이었을까
말들이 당신과 나의 말들이
식탁 위의 매운탕처럼 부글부글 끓기 시작했지
아, 임계점을 넘어선 순간 나는
보았지 달궈진 말들이 용암이 되어 녹아내리는 것을
영원하자던 영원할 것 같았던 당신과 나의 길들이
일순 무너져내렸지
물론 당신도 나도
어느 누구의 잘못도 아니지
단지 비가 내린다는 예언이 잘못되었을 뿐이지
복사열이 당신과 나의 말을 뜨겁게 달궜을 뿐이지
그러니 이젠 안녕
우리가 함께 찬미했던 수많은 계절도 안녕

# 일요일 오후 세 시

죽어라죽어라 살아야 한다
유전된 누대의 기억,을 더듬어 온 일생
짐작이 가고도 남을 저 휜 허리
늙은 사내는
제 몸보다 더 큰 박스더미를 싣고
제 삶보다 더 무거운 리어카를 끌고
일요일 오후 세 시
뙤약볕 좁은 언덕길을 꾸역꾸역 오르고 있다

내려오던 마을버스, 올라오던 승용차, 그 뒤로 줄지어 선 자동차들, 경적소리, 욕지거리, 비키라고 빨리 좀 비키라고, 성난 개처럼 으르렁거린다, 뭐야, 뭔 일 났대? 쌈 난 줄 알고 모여든 구경꾼들, 난장 한가운데 꼼짝없이 끼어버린,

이제 넘어지면 다시 못 일어날지도 몰라
죽어라죽어라 중심만은 놓지 않고 있는

저 늙은 사내

일요일 오후 세 시를 지나고 있다

# 어느 필모그래피의 죽음

충무로의 허름한 여인숙에서 50대의 사내가 죽은 지 7일 만에 발견되었다 그는 〈바보들의 행진〉의 구두닦이였고, 〈영자의 전성시대〉의 깡패였고, 〈바람불어 좋은 날〉의 식당주인이었고, 〈만다라〉의 걸승이었고, 〈칠수와 만수〉의 페인트공이었고, 〈남부군〉의 인민군 18이었고, 〈하얀전쟁〉의 베트공 13이었고, 〈악어〉의 포주였고, 〈실미도〉의 버스승객 7이었고, 그 사이 한 여자를 만나 동거를 할 때도, 그 여자 아들 데리고 떠나갔을 때도, 그는 스크린 속에서 우리와 함께 있었지만, 지금 촬영 중인 영화의 택시기사역이 일주일 전에 다른 사람으로 바뀌었지만 촬영장 어느 누구도 그 사실을 알지 못한 것처럼, 우리가 그의 필모그래피를 모르는 것처럼, 그의 죽음은 무연고자로 처리되었다

# 샴

성명 : 불상(10대 후반 여성)

인상착의 : 키 170센티미터. 통통한 체격. 단발머리. 노란색 긴팔티. 청 칠부바지. 고동색 줄무늬 농구화

사건개요 : 2007. 05. 14. 05 : 30경 경기 수원시 매교동 ○○고등학교 매점 계단 옆에 사망한 채 발견

지난 5월 14일 새벽, 수원의 한 고등학교에서 싸늘한 주검으로 발견된 이 소녀는 이름도, 연고도 몰라 그냥 '노숙소녀' 로 불려왔다. 돈 2만원을 훔쳤다는 누명을 쓰고 한 '청년 노숙자' 에 의해 구타를 당한 뒤 사망한 사건이었다. 부검결과 사인은 '저체온사 및 두부손상' 으로 추정될 뿐 소녀의 신원은 확인할 길이 없었다. (오마이뉴스 2007. 7. 6字)

10년 전에도 수많은 신문들이 '당신' 을 취재했습니다
수많은 '당신' 의 죽음이 루머로 떠돌았습니다 부검결과가

'당신' 의 사인을 끝내 밝혀내지 못한 것처럼 진범 또한 끝내 잡히지 않았습니다 가끔 애꿎은 가짜가 범인으로 잡혀들곤 했지만 그러면 세상은 다시 잠잠해졌습니다

오늘도 '당신' 에 관한 기사를 읽습니다
그때마다
'당신' 에 관한 시를 씁니다

'당신' 에 관한 시를 쓰거나, '당신' 에 관한 시를 읽거나
그게 다 무슨 소용이겠습니까, 정작 '당신' 에게 도대체 '시' 가 무슨 소용이겠습니까

그래도 용서하기를
이렇게라도 '당신' 이 존재한다는 것을 보여주어야 했습니다

'당신' 은 너무 얇고 얇아져서 얇아지다 못해 아예 투명

해져서
사람들 눈에는 이미 '당신' 이 안 보일지도 모릅니다
있지만 없는 존재 '당신' 은 진작에 유령이 되었는지도 모릅니다

그러니 '당신' 에 관한 시를 쓰는 일이 무슨 소용이겠습니까
그래도 용서하기를

이렇게라도 '당신' 을 호출하지 않으면 '당신' 은 끝내 사라질지 모르기 때문입니다
'당신' 과 맞닿아 있는 '나' 도 마침내 지워질지 모르기 때문입니다

# 밀례

아버지, 무덤을 파고 계신다, 칠십 년 봉분처럼 등 굽은 사내, 봉분마저 지워진 고조부 무덤을 파고 계신다, 백 년 전의 어둠을 조심스럽게 더듬는 아버지의 손, 마침내 드러나는 묘혈
(아버지의 가난이 저 곳에서 시작되었다고 한다, 만석지기 재산 주색으로 노름으로 다 날리고 그예 자기 무덤마저 남의 산 귀퉁이를 빌려야 했다고 한다)

칠성판 위로 수습된 황톳빛 뼈들, 어둠을 털어냈다지만 백 년 전의 햇빛은 이미 흙으로 돌아갔음을 아버지도 알고 계신다, 다만 아버지는 오랫동안 짊어온 당신의 빚을 갚고 있는 것이다
(때마침 내린 가그랑비에 아버지의 혼잣말이 젖어들고 있었다 –할배, 인자서 넘으 더부살이 면하게 했다꼬 모라카지 마이소, 지도 할배를 한 번도 원망하지 않았습니더)

그날 밤 아버지는 깊은 잠을 주무셨다 봉분처럼

고조부도 그러셨을 것이다 새로 올린 봉분 속에서

# 시에 대한 오해와 편견

연세우노비뇨기과 김정민 원장은 2005년 10월 24일자 파이낸셜뉴스에 「솔직한性 당당한性」이란 제목으로 다음과 같은 글을 기고했다

세상엔 희한한 성기들이 많다. 거미원숭이와 고양이는 성기에 가시가 돋쳐 있다. 거미원숭이는 가시 덕분에 교미하는 동안 암컷 몸에 매달려 있을 수 있고, 고양이는 성기를 빼낼 때 고통이 자극제가 되어 암컷이 난자를 배출한다. 주머니쥐는 음경이 둘이다. 다행히 암컷주머니쥐도 질이 한 쌍이라 질 하나에 음경 한 개씩 넣으면 딱 맞는다. 잠자리의 음경은 삽 모양으로 생겨 암컷 몸 속에 들어 있는 경쟁자의 정액을 퍼낼 수 있도록 설계됐다. 유럽토끼벼룩의 음경 역시 만만치 않게 기이하다. 음경이 똘똘 감긴 막대 두 개로 이뤄져 있는데, 짧은 쪽에 정자가 용수철처럼 감겨 있다. 이 밖에도 하나의 성기가 깨질 경우를 대비해 하나를 더 가지고 있는 집게벌레, 짝짓기 후 폭발해 버리는 성기를 가진 수벌 등 동물들의 특이한 음경은 우리의 상식을 뛰어넘는다. 하지만 다 나름의 쓸모가 있어서 이렇게 생

겨먹은 것이다.

이성복 시인은 2003년 10월 열림원에서 발간한 시집, 『달의 이마에는 물결무늬 자국』에 「K와 프리이다의 첫 번째 性」이란 제목으로 다음과 같은 시를 실었다

어떤 수컷은 일 끝나면 제 성기를 부러뜨려 코르크 마개처럼 입구를 막아버린다. 다른 수컷들과 교미하는 것을 원천봉쇄하는 것이다. 어떤 수컷은 국자처럼 생긴 그것으로, 다른 수컷들이 쏟아놓은 즙액을 퍼내고 제 볼일을 본다. 사람의 남성이 그렇게 생겼다는 설도 있다. 어떤 갈매기는 짝짓기 예물로 암컷에게 준 물고기를 일 끝내자마자 물고 달아나고, 어떤 반딧불이는 암컷의 신호를 보내 흥분해서 찾아오는 수컷들로 시사한다. 다들 미쳤느냐고? 다소 야비하지만, 철저히 제정신이다.

박제영 시인은 2007년 7월 23일 이 두 글을 베끼고는 「시에 대한 오해와 편견」이란 제목으로 버젓이 다소 야비하

게 자신의 창작시인 양 모계간지 가을호에 신작시로 발표
했다

# 코기토 에르고 숨

도 마 뱀 을 생 각 한 다
도 주 하 는 몸 과 남 겨 진 꼬 리 에 대 해 서
애 벌 레 를 생 각 한 다
포 월 중 인 몸 과 미 래 의 날 개 에 대 해 서
사 마 귀 를 생 각 한 다
교 미 중 인 몸 과 잘 려 진 머 리 에 대 해 서
검 정 숯 을 생 각 한 다
나 무 였 던 몸 과 타 버 린 기 억 에 대 해 서
하 리 수 를 생 각 한 다
남 자 였 던 몸 과 잘 라 낸 남 근 에 대 해 서

# 제4부

# 아슬아슬한 절정

## 사양 斜陽

밤 늦게 상갓집 들렀다 오는 길, 마침 부모집 근처라 불쑥 인사 여쭙는데, 미처 대비를 못한 터라 다투신 흔적 역력하다 어머니, 눈물 슬쩍 훔치시며, 이 시간에 어쩐 일이야 무슨 일 있니 얼른 들어오거라 다퉜어요? 다 늙어서 다투긴 왜 다투냐 싱겁기는 밥 차릴까? 커피나 주세요 커피 한 잔 마시는데 어머니 금세 속을 털어놓으신다 저 영감이 글쎄 병원을 가자고 해도 저렇게 고집을 부린다 당신 몸 당신이 안다고 갈 때가 되었을 뿐이라고 자꾸만 내 속을 뒤집어놓는구나 아버지는 소파에 등을 기댄 채 듣는둥 마는둥 말씀이 없으시다 그만 갈께요 현관문을 닫고 돌아서는데, 소파 위의 아버지가 고목처럼 기울어져 있는 거다

## 허기

도은이 어린이집 행사비용 칠만 원, 어머니 수술비 이십만 원, 그리고 대출금 이자가 올라서 이번 달부터 오십만 원 내야 해 당장 생활비도 모자라는데 어쩌니 여보, 시계는 막 오전 7시 20분을 지나고 있었고 속이 쓰렸다

김부장이 사표 냈다네 결국 밀려난 거지 조만간 구조조정이 있을 거라는데 몸 조심하라구 공연히 나서지 말고 우리 나이에 어디 받아줄 데도 없는 거 알지, 시계는 오후 3시를 넘기고 있었고, 위장이 텅 빈 것처럼 쿡쿡 쑤셨다

춘천 명동 입구 시계마을, 먼지 쌓인 시간을 털어내며 분침마냥 기울어지고 있는 저 사내. 형, 오늘은 장사 좀 됐나? 요즘 불경기 아니냐 산 입에 거미줄이야 치겠냐 어머니 수술은 잘 되었단다 민들레 같은 눈꽃이 사람들 사이로 떠다녔다 시를 쓰지 않으면 죽을지도 모르겠다는 생각이 엄습했다 시계는 저녁 7시 20분을 넘고 있었다

은행이자도 갚지 못하고 있는데 너희들 무슨 돈이 있다고 이렇게 큰 돈을 보냈니 에미 수술은 잘 되었으니 염려하지 말거라, 시계는 8시를 지우고 있는데, 집집마다 불빛들 새어나오고 있는데, 저마다 검은 그늘을 드리우고 있는데, 시린 허기는 도대체 어디서 몰려오는 것이냐 공지천 살얼음 위로 싸래기 같은 눈발이 하얗게 쌓이고 있는데

# 다림질하는 여자

저 여자, 옷을 다리고 있다
저 여자, 국을 끓이고 있다
내 사랑은 시방 뜨겁다
다리미 속에서 냄비 속에서 쇠를 달군다

# 늙은 투견

늙은 개가 졸고 있다

200승 30패의 전적마저 지워버린
마침내 단순해진 저, 투견의 졸음

어떤 짐승의 울음도
그의 졸음을 깨우진 못한다

아버지의 귀는 이미 순해졌다

# 뇨의尿意

가시내랑 머스마랑 오줌이 닿으면 얼라를 배는 기라, 어른들은 단지 아이들이 아무데나 고추 내놓고 오줌 누지 말라고 그리 했던 것인데, 일곱 살이 그 속뜻 어찌 알까 담벼락 끼고 가시내는 이 쪽에서 머스마는 저 쪽에서 오줌을 누었던 것인데, 오줌줄기 흘러 한 데서 만난 것인데, 담벼락 끼고 넘겨보다 두 눈 마주쳐 부끄러워 도망쳤던 것인데 머스마는 머스마대로 가시내는 가시내대로 얼라를 밴 줄 알고 난 이제 니 끼다, 넌 이제 내 끼다, 한 건데

"엄마, 아기는 어떻게 생기는 거야?" "그건 엄마랑 아빠랑 사랑해서 아빠 아기씨랑 엄마 아기씨가 만나면 생기는 거야" 일곱 살 딸내미와 아내가 진지하게 대화를 나누는데, 자꾸만 오줌이 마렵다 문득 그 가시내가 궁금해지는 저녁이다

# 풍선껌

나를 읽고 있는 당신,
나를 해석하는 당신,
틀렸습니다

나는 일곱색깔 무지개 풍선껌입니다 당신이 질根질根 씹어주면 빨주노초파남보 페르몬 향이 꼴覺꼴覺 당신의 침샘을 자극하지요 당신이 殺殺 불어주면 당신의 폐와 당신의 기도와 당신의 입을 통해 당신의 숨이 내 안 가득 차오르는 겁니다 아, 당신과 나의 아슬아슬한 절정

나는 한 덩어리 풍선劍입니다
당신의 숨통을 한 칼에 베어버리는

# 거위의 꿈

1997년 김동률이 작곡하고 이적이 작사하여 그 둘이 발표한 노래를 2007년 인순이가 리메이크하였는데 크게 유행했겠다 이에 박제영이 판소리 사설조로 개사하여 안산의 소리꾼 정유숙 선생에게 소리를 부탁하였으니,

여보게들! 내 이바구 한 번 들어보소 인순이가 요즘 노래를 부르는데, 그 노래 좋다고 찡하다고 장안에 지금 난리가 났는데, 뭔고 하니 꿈이 있다고, 벽을 넘고 하늘을 날아 오르는 거시기 뭐냐 거위의 꿈이 있다고 (얼쑤!) 헛된 꿈은 독이야! 정해진 운명은 돌이킬 수 없는 겨! 온 세상이 비웃어도 마침내 운명의 벽을 넘을 거라고! 하늘로 날아오를 거라고! 혼혈 가수 인순이가 무대 위에서 온몸으로 온몸으로 노래하는데 (잘한다!) 무대 아래 김씨 이씨 박씨 최씨 할 것 없이 남자 여자 젊은이 늙은이 할 것 없이 죄다 눈물 콧물 흘리는 것인데 (얼씨구! 조오타!) 아뿔싸, 김동률도 모르고 이적도 모르고 인순이도 물론 모르는 게 있었으니 지금부터 잘 들으소 그 거위가 말이여 지 놈 혼자

만 벽을 넘은 거라 새가 빠지게 고생한 것 모르는 거 아니고, 죽는 한이 있어도 넘겠다는 불굴의 의지도 모르는 바 아니지만, 지 혼자 벽을 넘고 하늘로 날아간 거라 (얼씨구!) 보라 말이여 혼자서는 도저히 벽을 넘지 못하는 거위새끼들이, 달구새끼들이, 오리새끼들이 꿔억꿔억 삐약삐약 꽥꽥 벽에 대고 울음을 토해내고 있는 것이여 (얼쑤!) 그러니까 여보게들! 어찌 해야겠나? 지 혼자서 벽을 넘을 것이 아니라 이놈저놈 다 뭉쳐서 이놈저놈 다 어깨동무해서 저 벽이란 벽 모두 부숴야지! 아무렴 부숴버려야지! (잘한다!) 지금부터 벽을 늘어놓을테니 다 같이 부숴보세, 한 번 가난은 영원한 가난이니 가난벽, 대학 안 나오면 사람도 못 되니 학력벽, 경상도 전라도 충청도 편갈라 싸움질이니 출신벽, 여성이라 안 돼 장애인이라 안 돼 혼혈인이라 안 돼 늙어서 안돼 어려서 안 돼 그 놈의 편견벽, 차별벽, 중이랑 목사랑 싸워대는 종교벽, 뭐니뭐니 해도 여의도에서 욕질 주먹질 뒤로 호박씨 까면서 툭하면 국민타령 해대는 저 국회의원들 정치벽, 비정규직 대량해고 정경유

착 지 배만 불리는 재벌벽 (얼씨구! 조오타!) 에고 숨차네 여보게들! 오늘은 여기까지 끝내고 남은 벽들은 다음에 또 부수세 꿔억꿔억 삐약삐약 꽥꽥

# 주저흔

죽음 앞에서 제 죽임을 망설인 흔적,
망자의 사인(sign)
그것은 스키드 마크다
고속도로에 무수히 찍힌 스키드 마크
제 삶에 급브레이크를 걸어야 했던 절박의 흔적들

주저흔이란 방어흔이다
자살은 없다
모든 자살은 타살이다

# 오늘

사실# 1

2007년 12월 12일 오늘의 주요 뉴스 스크랩. 20여 년간 남편 폭력에 시달린 아내가 남편을 목졸라 살해 (연합뉴스) 국내 굴지의 식품회사가 제조한 음료에서 부패한 조개류로 보이는 이물질과 곰팡이가 발견돼 (노컷뉴스) 할아버지부터 손녀까지…… 보험 사기 '무서운 가족' (동아일보) 해외 성매매 알선 무속인 구속 (YTN) 여동생 성폭행한 큰형 '악마인가, 사람인가?' (연합뉴스) 변호사, 호프집 여주인 피살, 제주판 '살인의 추억' (경향신문) 지시 잘 안 따른다…… 부하직원 납치 · 폭행 (쿠키뉴스)

사실# 2

80년대 황지우式으로 말하자면,

오늘은 2007년 12월 12일 病든 수요일이다

사실# 3

90년대 죽은 이연주式으로 말하자면,

그렇다고 오늘을 치유할 신념은 내게 없다

사실# 4

사실대로 말하자면,

오늘 속에 내가 개입한 사실은 없다

오늘의 사실은 사실, 미래의 일이니까

# 매맞는 여자 혹은 누가 누구를 죽였는가 하는 사소한 문제*

매년 수백만 명의 아내들이 남편에게 심하게 구타
당하고 있으며, 살해된 여자의 절반가량이 남편 혹은
전남편에게 당한 것으로 조사됐다.
— 모신문 모년모월모일字

# 매맞는 여자

피고인은 모월모일 새벽 남편과의 정사 후 미리 준비한 살해도구 증거물 제1호 쇠망치로 잠든 남편의 전두엽을 가격, 잔인하게 살해하였습니다. 다음은 피고인이 범행을 자술한 녹음 테잎입니다. 증거물 제2호로 제출합니다.

"물론 끔찍하고 고통스런 일이지만 참아야 했어요 살이 터지고 피가 흐르는 날이면 그의 섹스는 더욱 격렬해지죠 그럴 땐 구역질이 나기도 하지만 그래도 참아야 했어요 내 새끼, 가여운 내 새끼를 생각하면 견뎌야 했어요 그런데 그 짐승이 내 새낄 건드린 거예요 그날 밤 나는 망치를 준비했어요 그가 사정을 하는 순간 그의 정수리에서 피가 솟구치더군요"

테잎에서 분명히 밝히고 있듯이 피고인은 피학적 변태 성욕을 즐긴 것이며, 살해도구를 미리 준비한 것으로 미루어 볼 때 치밀한 계획에 의한 살인이 확실합니다. 따라서 피고인에게 살인죄를 적용 무기징역을 구형합니다.

#### # 누가 누구를 죽였는가

피고인은 지난 10년간 남편의 무자비한 폭력 앞에 '매 맞는 여성 증후군' 을 견뎌야 했던 희생자입니다. 테잎의 내용도 검찰에서는 마치 자백인 양 이야기하지만 실은 외상후 스트레스 장애와 같은 인지적 왜곡증상을 보여주고 있을 뿐입니다. 따라서 이번 사건은 살인이 아니라 생존을 위한 정당방위였음을 인정해야 합니다.

# 사소한 문제

무기징역을 선고받은 피고인은 현재 모형무소에 수감 중에 있으며 변호인은 고등법원에 항소했다.

* 파트리크 쥐스킨트의 『로시니 혹은 누가 누구와 잤는가 하는 잔인한 문제』 인용.

# 진화論

정작
견딜 수 없는 것은
마땅히 견딜 수 없어야 하는 것들에 대해
가령
저, 매연에 대해서
저, 광기의 요설에 대해서
저, 폭력에 대해서
저, 저, 저, 모든, 毒을 품은 것들에 대해서
그것을 견딜 만큼, 충분히, 몸의 진화가 이루어졌다는 것

퇴화된 날개의 비둘기들이 쥐새끼,처럼
쓰레기를 뒤지고 있듯이 그리하여
살아남았듯이 그렇게 살아 남았듯이

# 저수지

시베리아로 떠난 물새의 그림자와 시인의 말을 찾기 위해 저수지를 수색하던 경찰에 의해 모모(44)씨의 사체가 발견됐다 평소 우울증을 앓던 모모씨가 지난 1일 "죽겠다"며 집을 나간 후 소식이 없다는 유족의 말에 따라 경찰은 신병을 비관해 스스로 목숨을 끊은 것으로 보고 있다 한편 시인의 말과 물새의 그림자는 수색 나흘째인 현재까지 찾지 못하고 있다 마을 주민들과 경찰 합동으로 크레인 1대와 모터보트 2대를 동원해 저수지 바닥 구석구석을 뒤져 폐타이어, 그물, 녹슨 드럼통, 버려진 자동차, 유리병 등 5톤 트럭 2대 분량의 각종 쓰레기를 수거했지만 끝내 시인의 말과 물새의 그림자는 발견하지 못했다 풍문인 것으로 최종 확인됐다는 발표와 함께 경찰은 수사를 종결했다 시인은 저수지를 떠났고 사람들은 영혼의 몽리면적을 잃었다

# 詩창작 강의

## 제1강

말들의 껍질을 부숴라 감각의 비계를 파내버려라 삼라만상의 뉘앙스와 리듬을 몸이 느낄 수 있을 때까지

우리는 모두 발가벗고 서로의 눈과 귀와 혀의 구석구석을 어루만지기 시작했다 한 번도 닿지 못했던 감각의 뿌리가 조금씩 젖어들었다

## 제2강

상상하라 중력을 이긴 물이 나무의 정점을 오르듯, 뜨거운 쇳물이 상상의 절정으로 치오를 때까지, 더 상상하라 그리하여 그것들이 스스로 육화肉化할 때까지

우리는 미친 것처럼 홀린 것처럼 춤을 추었다 우리는

모두 물과 불과 흙과 공기가 되어 마침내 텅 빈 우주를 떠다녔다

제3강

명사 20~24개, 동사 24~30개, 부사 10~12개, 형용사는 가급적 넣지 않는 게 좋지만 경우에 따라 3~6개, 그리고 숙성 발효시킨 생각 24그램과 그늘에서 2주 이상 건조시킨 감정 12그램을 준비할 것

명사, 동사, 부사를 숙성 발효시킨 생각 12그램과 함께 섞어 볼에 넣고 중탕으로 열을 가하며 고르게 저어준다 거품이 생기는 것을 확인하면서, 온도가 36.5℃ 가 될 때까지 계속 저어준다 36.5℃ 가 되면 숙성 발효시킨 생각 나머지 12그램을 넣고, 중탕에서 내려 열이 식을 때까지 바깥에서 안으로 저어준다 그 다음에 온도가 5℃ 아래로 떨어

지면 그늘에서 건조시킨 감정 12그램을 넣고 거품이 단단해질 때까지 안에서 바깥으로 저어준다 손가락으로 눌러도 견딜 수 있을 만큼 거품이 단단해졌으면 드디어 완성이다 취향에 따라 상황에 따라 장식용으로 형용사 몇 개 올려놓아도 된다

이 요리의 맛은 재료의 혼합비와 온도에 따라 달라지므로 그에 대한 감각을 키우는 것이 좋다 생각은 충분히 숙성 발효시킨 것을 써야 한다는 것과 그늘에서 말린 감정을 써야 한다는 것도 잊지 말도록!

우리는 마침내 '시'를 배웠다

# 불혹

강원도청 앞 그 식당은 이름이 셋이다 오른쪽 붉은 지붕 위로 '한양화로숯불구이' 라는 이름이, 왼쪽 처마 밑으로 '한양설렁탕' 이라는 이름이, 입구 현관 위에는 '소담송하' 라는 이름이 매달려 있다 누구는 '한양집' 이라 하고, 누구는 '도청 앞 설렁탕집' 이라 부르고, 어떤 이는 '소담송하' 가 맞다고 하고, 어떤 이는 그냥 '도청 앞 식당' 으로 오라고도 한다 어떻게 부르든 사람들은 길을 잃는 법 없이 쉽게 찾아온다 '병천순대국 개시' 라는 플래카드와 '갈비탕 냉면 개시' 라는 플래카드가 일년 내내 걸려 있지만 메뉴판에는 불고기도 있다 누구는 순대국을 주문하고, 누구는 갈비탕을 주문하고, 어떤 이는 냉면을 주문하고, 또 어떤 이는 불고기를 주문하기도 하지만, 대개의 사람들은 그냥 설렁탕을 먹고 나온다 순대국을 주문했는데 가끔 설렁탕이 나오거나 냉면을 주문하지만 준비가 안 되는 경우가 있는데 그럴 때도 대개의 사람들은 그냥 설렁탕을 먹고 나온다 아주 가끔은 실랑이가 벌어지는 수도 있긴 하지만 그것이 대수로운 일은 아니다 나를 부르는 이름도 만만찮다 박팀장, 박시인, 박씨, 박형, 박선생, 박사장, 여보, 아빠, 자기야, 오빠…… 가끔은 나를 40번 손님! 이렇게 부르기도 한다 전해 들은 바로는 나를 그 새끼,로 부르는 사람도 있다고 한다 어떻게 부르든 그들이 내게서 길을 잃는 법은 없다 대체로 이것 저것 내 안의 요리들을 알아서 가져가고 알아서 간을 맞춰 먹는다 가끔은 혼선을 빚곤 하지만 그것이 대수로운 일은 아니다 대체로 그렇다

□ 해설

# 관념의 껍질을 부수는 뜻밖에 뜻, 밖에 언어

강경희(문학평론가)

## 1. '가족'과 '사회'를 바라보는 이중의 시선

박제영의 『뜻밖에』의 내용은 크게 두 가지로 구분된다. 하나는 나를 둘러싼 '가족의 문제'로 집약되며, 다른 하나는 세상에 대한 그의 가치관을 드러내는 '사회적 문제'로 수렴된다. 그에게 '가족'과 '사회'의 모습은 다소 상반된 특징을 보여주는데, 가족은 온전하고 전통적 의미에서의 혈연적 연대감과 끈끈한 사랑을 바탕으로 한 인간주의에 그 뿌리를 내리고 있다. 반면 사회적 요소가 지배적으로 드러나는 시편들은 타락한 세계에 대한 부정과 비판의식이 많은 부분 할애된다. 박제영 시인의 이러한 시적 특성은 그의 정서와 사유가 외부 대상에 따라 어떻게 다르게 표출되는가에 따라 구별된다.

하지만 한편으로 이 두 가지 자질들은 그가 지향하는 삶의 가치와 이념이 무엇인지를 통합적으로 이해할 수 있는 인식의 통로를 제공하기도 한다. 이는 '과연 이상적 집단은 어떠한 의미와 위상을 지녀야 하는가?' 라는 문제로 귀결된다. 즉 가족과 사회에 대한 그의 인식론적 작용은 서로 대립된 성질을 나타내지만, 궁극적으로 그는 '집단의 가치' 란 고유한 삶의 이념을 온건하게 유지할 때 가능하다는 믿음에 기초하고 있다. 이 믿음은 가족 집단과 사회 집단의 건강성을 확보할 수 있은 유일한 길이 화합과 조화를 바탕으로 하는 공동체 의식에 기반하고 있다.

가령 「어머니는 참 무식하시다」에서 '어머니' 는 "초등학교도 다 채우지 못"하고, "열일곱 살, 쌀 두 가마에 민며느리로 팔려" 온 한과 설움의 인생을 살아온 인물로 등장한다. 그러나 이러한 어머니는 고된 "시집살이" 도 "직업군인인 남편" 을 따라다닌 고단한 이주생활도 억척스럽게 견디고, "자식 셋 대학 보내고 시집 장가" 보내고, "환갑 넘어서도" "억척" 으로 살아가는 희생과 헌신의 전형적인 어머니로 묘사된다. 인내와 사랑의 위대함이 만들어낸 자신의 어머니의 일생을 이야기하면서 시인은 "무식하고 억척스런 어머니가 내 모국이다. 그 무식한 말들, 억척스런 말들이 내 시의 모국어다"라고 당당히 말한다. 박제영에게 어머니의 생은 '살아있는 모국어'이자 '시심의 원동력'으로 존재한다. 어머니는 자신의 뿌리이자 가족이 울타리를 단단히 받치는 주춧돌이다. 어머니라는 믿음의 근간이 흔들리지 않았기에 자신의 시의 존립이 가능했음을 그는 강조한다. 이렇듯 박제영에게 어머니로 상징되는 '가족 집단'은 건강한 의식을 지켜내는 정신적 보루(堡壘)로 기능한다. 반면 「심!」은 사회적 자아의 의식이 타락한 세상에서 어떻게 훼손되고 있는지를 분명하게 보여준다.

> K와 L과 S는 당분간 내 밥줄이므로 당분간 저들이 내 목을 쥐고 흔들면 흔드는 대로 흔들려야 하므로 오전 골프를 마치고 예약한 사슴목장을 찾았다. "박형, 내가 전국 다 가봤는데 이 집 엘크가 최고야 시커먼 불알을 봐 엄청나네 오늘은 저 놈으로 하자구" 마취된 숫사슴의 뿔 밑둥에 고무줄을 단단히 감고 능숙한 솜씨로 톱질을 하는 주인 남자, 순식간에 뿔이 잘리고 고무줄을 풀자 솟구치는 붉은 피 "워메 진국이구만. 한 잔씩 돌리지" "뜨끈뜨끈한 게 아랫도리에서 벌써 신호가 오는데" "박형 뭐해 빨리 마시라구 사내란 말이여 모름지기 좆심으로 사는 거 아니겠어 우린 말이여

좆심 없는 놈한텐 십 원도 안 빌려줘" 까짓 거 눈 딱 감고 들
이켰다

—「심!」 부분

현대 사회에서 개인의 생존을 결정하는 것은 나의 선택과 의사에 의해 좌우되지 않음을 「심!」은 명료하게 전달한다. "내 밥줄"은 "K와 L과 S"의 재량에 달려있다. 때문에 그들의 생각과 판단을 온전하게 수용하지 않을 때 나의 생존은 힘들게 된다. 그들이 내게 강제하는 요구는 직접적으로는 "사슴 목장"에서 녹혈을 함께 마시는 행위이다. "능숙한 솜씨로 톱질을 하는 주인 남자"의 잔혹한 모습이나 "시커먼 불알을 봐 엄청나네" "사내란 말이여 모름지기 좆심으로 사는 거 아니겠어"라는 즉물적이며 저속한 날 것의 언어는 폭력적 야수성과 잔인하고 파괴적인 세속 세계의 현실을 적나라하게 묘사한다. 특히 성(性)의 우월성을 강자와 약자의 논리로 이해하는 방식은 오늘의 사회가 적자생존과 약육강식의 정글의 법칙만이 지배하는 곳임을 시사한다. 문제는 화자가 이러한 폭력적 세계를 거부하고 부정함에도 불구하고 이 세계에 가담하고 종속될 수밖에 없는 비참하고 나약한 존재임을 폭로하는 점이다.

타자를 이해하고 자신을 헌신한 따뜻한 모성의 세계의 대척점에는 인간의 자유와 인성을 파괴하는 잔인한 남성성의

세계가 놓여있다. 이 두 세계의 대립은 박제영의 시를 이해하는 하나의 거울 역할을 한다. 시인은 모성적 세계가 주는 위로와 평화, 사랑과 연대를 강렬하게 희망하지만 이러한 바람은 사회적 자아로 환원될 때 여지없이 파괴되거나 훼손된다. 이 두 세계의 충돌과 갈등이 박제영의 시의 고민으로 작용한다. 하지만 박제영의 시는 대립된 가치들의 대결과 와해의 방식을 드러내는데 의식의 포커스를 맞추기보다는, 이 대립을 넘어서는 집단의 순수한 의지와 원칙이 무엇이어야 하는지를 강조하는데 힘을 쏟는다. 특히 사회적 관념을 드러내는 많은 시가 풍자와 해학의 방식, 비판적 언어 유희를 통해 유닉크하고 설득력 있게 전달되는 측면은 그가 추구하는 사상과 철학을 더욱 풍부하게 만들어 주는 역할을 한다.

## 2. 자연의 원리를 닮아 있는 가족주의

자신의 뿌리인 '가족'에 대한 사랑과 연민의 시선은 「늙은 거미」「어머니의 만성중이염」「사양」「냄새」「밀례」「늙은 투견」「남탕」「정전」「주름」「도희」「모퉁이」「가라앉는 배」「다림질하는 여자」 등 많은 시편을 통해 확인된다. 이러한 박제영의 시는 할머니, 아버지, 어머니, 나, 아내, 딸로 이어지는 가계도를 통해 개인의 개체성에 주목하기보다는 그들을 한데 묶어주는 연대성과 공통의 정서적 기반의 중요성을 제시한다. 특히 '거미'의 일생을 다룬 「늙은 거미」는 인간적 삶에 대한 깊은 성찰을 보여준다. 인간의 삶을 거미의 일생으로 알레고리화한 「늙은 거미」는 전통적 가족 집단의 전형적 형태를 설명함으로써 개인과 집단의 관계가 일방적이며 수직적 관계가 아닌, 수평적이며 조화로운 관계임을 설명한다.

늙은 거미를 본 적이 있나 당신, 늙은 거문개똥거미가 마른 항문으로 거미줄을 뽑아내는 것을 본 적이 있나 당신, 늙은 암컷 거문개똥거미가 제 마지막 거미줄 위에 맺힌 이슬을 물끄러미 바라보고 있는 것을 본 적이 있나 당신, 죽은 할머니가 그러셨지 아가, 거미는 제 뱃속의 내장을 뽑아서 거미줄을 만드는 거란다 그 거미줄로 새끼들 집도 짓고 새끼들 먹이도 잡는 거란다 그렇게 새끼들 다 키우면 내장이란 내장은 다 빠져나가고 거죽만 남는 것이지 새끼들 다 떠나보낸 늙은 거미가 마지막 남은 한 올 내장을 꺼내 거미줄을 치고 있다면 아가, 그건 늙은 거미가 제 수의를 짓고 있는 거란다 그건 늙은 거미가 제 자신을 위해 만드는 처음이자 마지막 거미줄이란다 거미는 그렇게 살다 가는 거야 할머니가 검은 똥을 쌌던 그해 여름, 할머니는 늙은 거미처럼 제 거미줄을 치고 있었지 늙은 거미를 본 적이 있나 당신

—「늙은 거미」 전문

'거미' 는 일생을 바쳐 거미줄은 뽑아낸다. 거미에게 거미줄을 만드는 것은 결코 쉬운 일이 아니다. 왜냐하면 "거미는 제 뱃속의 내장을 뽑아서 거미줄을 만"들어야 하기 때문이다. 자신의 육체를 쏟아내는 고통스러운 작업이 거미에게 허락된 생의 임무인 것이다. 그렇게 아픔을 수반하면서 뽑아내는 거미줄은 결국 "새끼들 집도 짓고 새끼들 먹이도 잡"기 위해 사용된다. 육체의 진액을 다 쏟아내는 거미의 희생은 다름 아닌 자신의 새끼들을 위한 생존의 방식이다. 이 생존의 방식은 한없이 서글프다. 끝내 "내장이란 내장은 다 빠져나가고 거죽만" 남게 되면 "늙은 거미"는 "마지막 남은 한 올 내장을" 자신의 "수의를" 짓기 위해 힘겹게 쏟아내는 것이다. 그 어떤 대가도 요구하지 않는 순수한 거미의 자기 헌신을 통해 시인은 가족을 위해 모든 것을 바친 할머니의 형상을 떠올린다.

이 순결하고 장엄한 거미의 일생에서 강요된 희생과 강압적 상황을 읽어내긴 어렵다. 물론 전통적 사회에서 여성에게 요구되었던 관습과 의식의 중요성을 간과할 수는 없다. 그럼에도 불구하고 이 시에서 느껴지는 할머니의 삶은 자발적 의지와 적극적 행위의 결과였음을 감지하게 한다. 그것은 무조건적인 순응과 가부장적 규범을 따르지 않을 수 없었던 나약한 여성의 불가피한 선택의 문제로 이해되어서는 안 된다. 오히려 어머니라는 근원적 모성성에 바탕하면서도 전통의 가치와 이념을 소중하게 지켜내고자 했던 여성주의에 그 뿌리를 둔다.

그런 의미에서 보자면 박제영이 말하는 '가족주의'는 개인의 일방적 희생에 준거하는 수직적 인간 관계와는 다른 차원을 형성한다. 물론 할머니, 혹은 어머니로 이어지는 헌신의 여성상은 강한 주관을 드러내는 개성적 인물로 나타나지 않는다. 그가 바라본 '여성'은 자기 존재 의의를 타자성 속에서 구현하는 이타적(利他的) 인간이다. 이러한 이타성은 근본적으로 집단의 가치를 우위에 두는 세계관이다. 이는 주체의 주관과 선택을 강조하는 오늘의 세계와는 대조된다. 그러나 한편으로 보면 타자성에 근거한 세계는 조화와 화해의 원칙에 입각해 있다. '나'의 희생을 토대로 '너'는 보육되고 성장한다. 또한 '너'는 다시금 새로운 '나'가 됨으로써 또 다른 '너'를 위한 거름이 된다. 자신을 썩혀 또 하나의 밀알을 성장시키는 순환의 방식은 자연의 순리와 법칙이다. 박제영은 이러한 자연의 원리를 닮아 있는 전통적인 인간주의를 회복하는 것이 무엇보다 소중하다고 강조하는 것이다. 현대성의 병적 징후를 강하게 비판하는 태도 또한 바로 이러한 전통의 숭고하고 존엄한 가치를 옹호하려는 자의식이 반영된 결과라 할 수 있다.

하지만 시인이 그려놓은 가족의 내력은 결코 아름답게 미화되어 있지만은 않다. "안팎의 모진 욕이란 욕/ 수십 년 묵혀 마침내 다 품은," 어머니의 "터엉텅/ 빈"(「어머니의 만성중이염」) 육신을 통해 그는 모진 세월을 견뎌야 했던 한 인간의 고통을 아프게 응시한다. 또한 "눈물 슬쩍 훔치시"는(「사양斜陽」) 연약한 어머니는 남편에게 의지하고 살아왔던 아내의 섬약한 심리를 그대로 보여준다. 거친 세월을 강한 내성으로 살아온 어머니의 모습 이면에는 한없이 유약한 한 여성의 슬픈 초상이 있다. 시인은 이러한 가족을 연민과 사랑, 존경과 신의, 안타까움과 비애의 시선으로 감싸 안는다.

박제영이 보여주는 가족의 풍경은 할머니와 어머니로 국한되지 않고 할아버지와 아버지로 이어지는 가부장 집단의 모습으로 드러나기도 한다. 아버지를 대상으로 한 시편들의 기조(基調)는 기본적으로 모성적 세계의 특성과 다르지 않다. 즉 가족 구성원을 위해 헌신하는 가장, 일생을 자신의 가족을 위해 튼튼한 버팀목으로 견뎌냈던 인고의 삶이 그대로 투영되어 있다.

> 아버지, 무덤을 파고 계신다, 칠십 년 봉분처럼 등 굽은 사내, 봉분마저 지워진 고조부 무덤을 파고 계신다, 백 년 전의 어둠을 조심스럽게 더듬는 아버지의 손, 마침내 드러나는 묘혈

(아버지의 가난이 저 곳에서 시작되었다고 한다, 만석지기 재산 주색으로 노름으로 다 날리고 그예 자기 무덤마저 남의 산 귀퉁이를 빌려야 했다고 한다)

칠성판 위로 수습된 황톳빛 뼈들, 어둠을 털어냈다지만 백 년 전의 햇빛은 이미 흙으로 돌아갔음을 아버지도 알고 계신다, 다만 아버지는 오랫동안 짊어온 당신의 빚을 갚고 있는 것이다

(때마침 내린 가그랑비에 아버지의 혼잣말이 젖어들고 있었다 — 할배, 인자서 넘으 더부살이 면하게 했다꼬 모라카지 마이소, 지도 할배를 한 번도 원망하지 않았습니더)

그날 밤 아버지는 깊은 잠을 주무셨다 봉분처럼
고조부도 그러셨을 것이다 새로 올린 봉분 속에서

—「밀례」 전문

「밀례」는 고조부의 묘를 이장(移葬)하는 아버지의 모습을 그리고 있다. "백년 전의 어둠을 조심스럽게 더듬은 아버지의 손"은 "마침내 드러나는 묘혈"을 보면서 회한의 감정을 느낀다. 그것은 바로 백년 전 자신의 고조부로부터 '가난'이 대물림되었기 때문이다. "만석지기 재산 주색으로 노름으로 다 날리고 그예 자기 무덤마저 남의 산 귀퉁이를 빌

려야 했"던 고조부의 퇴폐적 생활은 후예들에게는 치명적인 고통과 상처를 주었을 것이다. 가난의 설움은 죽어서도 자신이 묻힐 수 있는 조그만 땅도 가지지 못했다는 사실에서 비롯된다. 빚에 시달렸던 세월, 다시금 쓰러진 가계를 일으켜야 한다는 가장의 책무는 결코 녹녹치 않았던 고단한 시간의 숨결을 느끼게 한다.

우리의 전통에서 선조들이 자신의 땅에서 편히 잠들 수 없다는 사실은 후손들에게는 치욕이며 부끄러움이다. 그것은 전통의 의례와 규범을 온전히 이어나가지 못하고 있다는 죄책감을 갖게 한다. 가부장 사회를 유지하는 힘은 가장에게 요구되는 책임과 역할을 온전히 수행함에 있다. 가계의 역사는 단절이 아닌 지속성을 지닌다. 그것은 그들이 지키고자 했던 가치와 이념을 수호하는 가계의 정신사를 의미하기도 하지만, 동시에 생존을 해결하고 나아가 보다 풍족한 경제적 자립성을 갖추는 일이기도 하다. 때문에 "남의 산 귀퉁이를 빌려야 했던" 고조부의 묘를 드디어 자신의 손으로 다시금 돌볼 수 있는 아버지의 마음은 오래된 과업을 해결하는 감동의 순간으로 그려진다. 아버지의 어질고 고운 마음은 고조부에 대한 원망으로 세월을 탕진하지 않고, 결국은 자신의 손으로 과업(課業)을 이뤘다는 자존감의 회복이다. "그날 밤 아버지는 깊은 잠을 주무셨다 봉분처럼/ 고조부도 그러셨을 것이다 새로 올린 봉분 속에서"라는 구절에서 알 수 있듯 고조부로부터 아버지로 이어지는 끈끈한 가계의 역사는 화자 또한 가계의 유산을 지켜가야 한다는 의지를 함축한다.

녹록치 않은 아버지의 삶은 가난의 고통과 시련의 근현대사를 살아왔던 이 시대 아버지들의 자화상을 연상시키기에 충분하다. 역사의 수레바퀴 속에서 수난의 연대를 감내해야만 했던 아버지의 생활은 휴식도 중단도 허락되지 않는 피곤한 삶의 연속이었을 것이다. "세상의 아비들은 다만/ 살기 위해 딱딱해져야 했던/ 무골無骨의 가계家系를 숨기고 싶은 것이다"(「남탕」) 라는 연민이 담긴 위로의 말은 생존의 절박성으로부터 자유롭지 못했던 가난의 연대, 부끄러운 세월에 대한 자기 위안의 목소리이다.

박제영이 이야기하는 '가족'의 내력은 아프고 슬프고 애처롭다. 하지만 이러한 가족사의 고통이 단지 그러한 상처를 감상적으로 토로하는 애상의 심리라고 치부할 수는 없다. 그의 비애감의 원천에는 가족주의가 만들어낸 '사랑의 힘' '헌신의 열정' '구도의 정신' '가계의 철학을 이어가려는 순수한 의지'가 깔려있다. 이것이야말로 그가 옹호하려는 이 시대의 이상적인 집단의 지표라 할 수 있다.

## 3. 풍자와 언어 유희로 구축된 사회 비판

앞서 언급했듯이 박제영의 시는 '가족'에 대한 관심만큼이나 '사회'에 대한 다양한 시선이 존재한다. 그의 사회적 관심의 영역은 소외된 이웃에서부터 주변부적인 삶의 모습, 비루한 현실의 풍경, 자본주의의 노예화된 인간들, 강대국의 폭압적 정치에 질식당하는 세계시민, 비극적인 역사에 이르기까지 각계 각층의 다양한 인물과 사건들을 조명한다. 흥미로운 점은 이러한 부조리한 현실의 모습을 재현하는데 있어 박제영은 자신만의 독특한 형식 실험적 요소를 다양하게 보여주고 있다는 점이다. 특히 사회 풍자와 뒤틀린 유머의 방식은 그의 시에서 활력을 제공한다.

양재천을 사이에 두고,
동편, 도곡동 467번지에는 마천 철옹 타워팰리스가 서 있고
서편, 포이동 266번지에는 뗏목 같은 비닐하우스가 떠 있디
그게 공존이다
지진이 나진 않겠지만 타워팰리스는 지진을 견딜 수 있다
바람이 불어도 비가 내려도 비닐하우스는 전복될 수 있다
그게 공학이다
동편으론 날마다 해가 뜨고, 서편으론 날마다 해가 진다

그게 상식이다
해 뜬 곳에 사람이 살고, 해 진 곳에 유령의 보트피플이
산다
그게 행정이다
어느 누구도 양재천을 가로질러서는 안 된다
그게 법률이다

서울은 오늘도 그렇게 안녕하시다
서울은 그렇게 오늘도 무사하시다

빌어먹을 럭키, 오, 럭키 서울

—「럭키 서울」 전문

「럭키 서울」은 가진 자와 가지지 못한 자가 살아가는 삶의 방식과 원칙을 확연하게 그려낸다. 동편과 서편으로 나뉜 서울은 "마천 철옹 타워팰리스"와 "뗏목 같은 비닐하우스"가 나란히 놓여있다. 이 결합될 수 없는 엄청난 차별과 차이를 시인은 "공존"이라는 역설의 언어로 뒤튼다. "지진"에도 견딜 수 있는 견고한 성과 같은 집과 바람과 비에도 쓰러질 것 같은 누추한 "비닐하우스"의 생활은 결코 조화될 수 없는 대조적 상황을 연출한다. 그러나 이러한 대립을 화자는 오늘날의 "공학"이라 조롱한다. 또한 "해 뜬 곳에 사람이 살고,

해 진 곳에 유령의 보트피플이 산다"는 것이 파렴치하고 비인간적인 가진 자들의 부조리한 "행정"임을 그는 폭로한다. "어느 누구도 양재천을 가로질러서는 안 된다"는 무언의 폭력적 "법률"이 지배하는 세상을 그는 여지없이 조롱하고 있는 것이다.

"서울은 오늘도 그렇게 안녕하시다/ 서울은 그렇게 오늘도 무사하시다"라는 반어를 통해 그는 휴머니즘을 깡그리 몰수당한 현대인들의 비참한 삶을 비판적으로 성찰한다. 이 차별의 시대에 '공존'의 이념은 헛것의 이데올로기를 유포하는 수단으로 전락했으며, '상식'은 보편성을 상실한 가치로 전락했다. '행정'과 '법률'은 지배자의 허울좋은 구실이 될 뿐 그 어떤 제도와 원칙도 인간을 위한 목적으로 사용되지 않는다. 박제영은 이러한 파행적이며 폭력적 현실이 모두 천박한 자본주의가 만들어낸 기형적 모습임을 고발하고 있다. "빌어먹을 럭키, 오, 럭키 서울"이라는 마지막 구절이 보여주듯이 그는 부패한 "서울"의 일그러진 얼굴을 신랄하게 공격한다.

반어와 역설의 문법을 통해 부조리한 시대상을 비판하는 그의 시작 방식은 여러 시편을 통해 다양하게 제시된다. 「빨래, 빨래스타인」「스키드 마크에 관한 진실 혹은 거짓말」「어느 필모그래피의 죽음」「주저흔」「등신고래」「오늘」「매맞는 여자 혹은 누가 누구를 죽였는가하는 사소한 문제」「샴」

「비디오방 1004호 남자를 누가 죽였나」「세계사」「유성우遊星雨」와 같은 시편들은 형식 실험의 다양한 변주를 보여주면서 사회 풍자의 일관된 주제를 담아낸다.

그러니까 세 살짜리 마날 알—후세인은 때다
무슬림이란 적절한 세제와 기계적인 힘을 가해 제거해야 하는 묵은 때다

빨래를 하다가 손을 베인 적이 있다
흰 빨래는 자꾸만 빨갛게 물들었다
빨갛게 물들고 있는 빨래스타인, 그곳에 가짜 지구가 있다
가짜 지구에 미사일이 세제처럼 내린다

빨아도, 빨아도, 지울 수 없는, 상처는, 피는, 때가 아니다
빨간, 새빨간, 거짓말이었으면, 좋겠다 진짜로, 가짜 지구가 가짜였으면 좋겠다

—「빨래, 빨래스타인」 부분

이 시는 언어 유희의 방식을 적극적으로 도입하고 있다. 음성학적 유사성에 착안한 "빨래"는 "빨래스타인"으로 변용된다. '팔레스타인'이란 지역명은 "빨래스타인"이라는

언어 유머의 장치에 의해 역사적 사건과 일상적 사건이 중첩되는 중의적 의미를 갖는다. 빨래는 더럽혀진 것을 깨끗이 씻어내는 작업을 의미한다. 그런데 이 일상의 빨래를 그는 교묘하게도 더럽혀진 역사의 치욕스러운 현장에 이입시킨다.

이러한 활달한 상상력과 언어적 재치에 의해 이 시는 평범할 수도 있는 시적 주제를 보다 강화하는데 일조한다. 즉 "무슬림이란 적절한 세제와 기계적인 힘을 가해 제거해야 하는 묵은 때다"라고 그는 말한다. 이때 "적절한 세제와 기계적 힘"은 침략자의 관점에서 보면, 무슬림을 제압할 군인과 무기를 은유한다고 볼 수 있다. 그러나 이러한 무력은 결코 묵은 때를 벗겨내지는 못한다. "빨래를 하다가 손을 베인 적이 있다/ 흰 빨래는 자꾸만 빨갛게 물들었다"라는 구절은 결국 피를 불러온 전쟁은 피로써 더럽혀 질 수밖에 없음을 암시한다. 이 시에서 언어 유희의 절정을 보여주는 구절은 "빨갛게 물들고 있는 빨래스타인, 그곳에 가짜 지구가 있다/ 가짜 지구에 비사일이 세제처럼 내린다"라는 부분이다. 가짜 지구는 가자지구를 연상시킨다. "미사일이 세제처럼 내리"는 그곳은 피로 얼룩진 도시의 끔찍한 현장을 떠올리게 한다. 살육과 죽음, 폭력과 테러가 난무하는 화약과 쇠붙이의 가자지구는 강대국의 정치적 논리에 의해 희생당한 힘없는 시민들의 비탄의 피눈물이 난무하는 곳이다. 그 피눈물은 피 묻은

손이 빨면 빨수록 더욱 빨갛게 되는 피의 악순환을 상징한다.

시인은 이러한 역사적 사실이 모두 가짜였으면 좋겠다고 말한다. "빨간, 새빨간, 거짓말이었으면, 좋겠다 진짜로, 가짜 지구가 가짜였으면 좋겠다" 이러한 그의 소망은 기대와 바람으로 존재할 뿐임을 그 또한 잘 알고 있다. 피로 얼룩진 역사의 현장은 세제를 풀어 하얗게 씻어낼 수 있는 진짜 빨래가 아니기 때문이다. "빨아도, 빨아도, 지울 수 없는, 상처는, 피는, 때가 아니다"라는 구절처럼 인간의 육체와 영혼을 학살하고 파괴하는 잔인한 피의 보복과 전쟁의 상흔은 또 다른 피를 불러올 수밖에 없음을 그는 예견한다.

결코 가벼운 일상적 사건으로 치환될 수 없는 전쟁의 아픔을 그는 사실 재현의 익숙한 어법에 기대지 않고, 참신한 언어 기교를 통해 전달한다는 점에서 오히려 시의 의미를 풍부하게 만든다. 그가 선택한 언어 기교의 형식은 무거운 주제를 기존의 일반화된 리얼리즘적 진술이 아닌 새로운 시도라는 점에서 참신한 매력을 준다. 이러한 박제영의 활달한 상상력과 유희적 언어기교는 사회적 문제를 보다 예각화하는 새로운 관점과 전략을 보여준다. 특히 판소리의 형식을 도입한 「거위의 꿈」은 구어체의 리드미컬한 운율을 통해 단순한 내용이지만, 강렬한 흡입력을 갖는 호소력 있는 작품을 직조한다.

여보게들! 내이바구 한 번 들어보소 인순이가 요즘 노래를 부르는데, 그 노래 좋다고 찡하다고 장안에 지금 난리가 났는데, 뭔고 하니 꿈이 있다고, 벽을 넘고 하늘을 날아 오르는 거시기 뭐냐 거위의 꿈이 있다고 (얼쑤!) 헛된 꿈은 독이야! 정해진 운명을 돌이킬 수 없는 겨! 온 세상이 비웃어도 마침내 운명의 벽을 넘을 거라고! (중략) 지 혼자서 벽을 넘을 것이 아니라 이놈저놈 다 뭉쳐서 이놈저놈 다 어깨동무해서 저 벽이란 벽 모두 부숴야지! 아무렴 부숴버려야지!(잘한다!) 지금부터 벽을 늘어놓을테니 다 같이 부숴보세,

—「거위의 꿈」 부분

이 시는 창자(唱者)의 사설과 고수(鼓手)의 추임새가 적절히 배합됨으로써 다소 긴 시지만 지루함을 느낄 수 없는 속도감을 보여준다. 사설의 내용이 연(聯) 구분 없이 쓰여졌음에도 불구하고 집중력을 느끼게 하는 것도, 판소리의 가락과 고유한 호흡을 차용했기 때문이다. 특히 익히 알고 있는 대중가요의 가사에 새로운 해석과 판단을 개입시키고 있다는 점이 이 시의 주제를 이끌어 가는 힘으로 작용한다.

박제영이 말하는 진정한 "거위의 꿈"은 벽을 뛰어넘어 날아 오르고자 하는 거위의 행위가 결코 한 마리의 꿈이 되어

서는 안 된다는 사실이다. "지 혼자서 벽을 넘을 것이 아니라 이놈저놈 다 뭉쳐서 이놈저놈 다 어깨동무해서 저 벽이란 벽 모두 부숴야지! 아무렴 부숴버려야지!"라는 구절은 박제영 시인이 꿈꾸는 이 사회의 이상적 모습이다. 개인의 이익을 넘어 집단 모두가 구원받을 수 있는 세상을 그는 제시한다. 그가 구체적으로 부서버려야 할 벽이라고 말하는 것들은 "가난벽" "학력벽" "출신벽" "편견벽" "차별벽" "종교벽" "정치벽" "재벌벽"이다. 이러한 벽은 개인을 병들게 만들고 이기주의와 불신의 장벽을 높였던 한국사회의 구조적 모순들을 그대로 보여준다. 그는 악습과 부패를 넘어 '잘못된 인식의 벽' '타락한 자본의 벽' '병든 정치의 벽' '차이를 강요하는 비인간주의의 벽'을 혁파할 것을 힘주어 말한다. 어쩌면 이러한 구체적 진술과 직접화법의 언술은 다소 직설적이라는 측면에서 미적 거리를 확보하지 못하는 요소로 작용할 수 있다. 하지만 박제영은 판소리 형식의 발화법을 차용함으로써 신명나는 소리꾼의 거짓된 세상에 대한 거침없는 요설과 야유의 발성을 생생하게 활용한다. 이 점이 이 시를 상투적이고 진부하지 않게 만드는 성공 요인이다. 이러한 시적 기교는 직접화법의 일상적 어조지만 시의 미감을 떨어뜨리지 않는 효과를 지닌다.

박제영이 시도하는 형식 실험의 특이성은 가능한 시 한 편 한 편이 모두 다른 방법적 특성을 나타내려 한다는 점에서 그의 장인적 기질과 모험적 의욕을 엿볼 수 있다. 하지만 「스키드 마크에 관한 진실 혹은 거짓말」 「오늘」 「매맞는 여자 혹은 누가 누구를 죽였는가하는 사소한 문제」와 같은 시편은 주제에 기여하는 형식미가 다소 반복적이며 익숙한 기법을 차용했다는 점에서 아쉽다.

## 4. 희망의 논리를 찾아가는 모험의 세계

박제영의 『뜻밖에』는 전통적인 가족의 의미가 와해되고 해체되어 가는 이 시대에 지켜내야 할 진정한 가족주의의 의미가 무엇인지를 다시금 생각하게 만든다. 또한 희망의 논리보다는 절망의 목소리만이 가득한 오늘의 위선적 세계를 구출하고자 하는 건강한 사회상을 제시한다는 점에서 오늘의 삶을 반성하고 성찰할 수 있는 메시지를 전달한다.

상실된 이념과 가치는 결코 쉽게 회복되거나 치유될 수 없다. 하지만 그가 희구하는 꿈의 방식을 끊임없이 유포하는 것은 오늘의 시인들이 추구해야 할 가치이기도 하다. 특히 진부한 리얼리즘적 시도에서 벗어난 그의 다양한 형식 실험과 언어 수사는 시적 주제의 의미를 강화하고 활성화하는 도구적 장치이다. 반어와 역설의 문법, 풍자와 조롱의 기교, 패러디와 사설의 형식 등 다양한 형식 기교는 박제영 시를 더

풍부하게 읽히게 하는 필수 양념이다. 그가 버무려 놓은 언어의 요리를 마음껏 먹어도 질리지 않는 것은 끊임없이 새로운 시적 모험을 감행하려는 시정신이 있기 때문이다.

가족에 대한 연민과 사랑, 눈물과 고뇌, 설움과 상처를 보듬으려는 그의 지난한 노력은 가족이라는 좁은 울타리를 넘어 사회를 향한 시선으로 확대되고 있다. 그가 보여주는 가족과 사회의 모습은 이질적이며 대조적 성격으로 대비되지만, 그 뿌리에는 '이상적 집단' 에 대한 강렬한 희구를 담고 있다는 점에서 의식의 통일성을 보여준다. '거위의 꿈' 이 단지 꿈이 아니기를 바라는 그의 실천 의지가 우리의 나태하고 타성에 젖은 탁한 마음을 정화하기를 희망한다.